O ddata
i ddefnydd

Llyfrau Amgueddfa Cymru

Cyhoeddwyd gyntaf yn 2009 gan Lyfrau Amgueddfa Cymru, Parc Cathays, Caerdydd CF10 3NP, Cymru.

ISBN 978-0-7200-0603-2

Testun: Peter Gill & Associates, Ann Whittall
Testun Cymraeg: Testun
Dylunio: Peter Gill & Associates
Golygydd: Mari Gordon
Fersiwn Saesneg ar gael hefyd, *From fleece to fabric*, ISBN 978-0-7200-0602-5

Noddir gan Lywodraeth Cynulliad Cymru

Cynnwys

Y diwydiant gwlân yng Nghymru

Gallwn olrhain y grefft o wehyddu brethyn gwlân i'r cyfnod cynhanesyddol. Dyma oedd un o ddiwydiannau pwysicaf Cymru am ganrifoedd lawer. Roedd y diwydiant cynhyrchu gwlân yn arbennig o bwysig yn Sir Benfro yn yr Oesoedd Canol, gyda'r brodorion a'r mewnfudwyr o Fflandrys yn nyddu edafedd ac yn gwehyddu brethyn yn eu bythynnod a'u ffermdai. Gweithgarwch cartref oedd hwn yn bennaf ar y pryd, ac roedd trigolion y gorllewin yn trin gwlân defaid lleol i gynhyrchu blancedi a charpedi, brethyn caerog a gwlanen iddyn nhw'u hunain.

Erbyn diwedd yr unfed ganrif ar bymtheg, roedd cyn lleied o alw am frethyn Cymreig nes bod y diwydiant bron â diflannu'n llwyr o'r de-orllewin. Ar y llaw arall, roedd y diwydiant yn ffynnu yn hen siroedd Trefaldwyn, Meirionnydd a de Sir Ddinbych. Ym 1821, adeiladwyd camlas i gludo gwlanen i Loegr, ac roedd modd anfon nwyddau'n uniongyrchol o'r Drenewydd dros y ffin i Fanceinion.

Gallai Sir Drefaldwyn fod wedi datblygu'n un o ardaloedd cynhyrchu tecstilau pwysicaf Prydain oni bai bod y ffyrdd, rheilffyrdd a chamlesi'n arwain tua'r dwyrain yn syth i ganol diwydiant gwehyddu Swydd Gaerhirfryn.

Cneifio defaid, ger Dolgellau, Gwynedd.

Pe bai'r cyflenwadau glo yn agosach, gallai'r Drenewydd fod wedi llwyr haeddu'r teitl 'Leeds Cymru'. Yn anffodus, fe wnaeth cynhyrchwyr Sir Drefaldwyn gamgymeriad enfawr pan ddaeth y peiriannau gwehyddu neu'r gwyddiau peiriannol yn fwy cyffredin. Aethant ati i geisio cystadlu â chynhyrchwyr tecstilau gogledd Lloegr trwy godi melinau anferthol â phŵer ager a oedd yn cynhyrchu gwlanen tebyg i'r un a gynhyrchwyd gan wyddiau Rochdale a Huddersfield. Erbyn 1860, roedd y diwydiant ar drai – gyda chwmnïau'n mynd i'r wal a diweithdra'n rhemp. Erbyn diwedd y bedwaredd ganrif ar bymtheg roedd y diwydiant gwlân wedi mynd i'r gwellt, a daeth y Drenewydd yn dref farchnad fach unwaith eto.

Olwyn ddŵr.

Roedd gwlân Cymreig yn un o brif
elfennau'r wisg Gymreig
'draddodiadol' a hybwyd gan
Arglwyddes Llanofer ddechrau'r
bedwaredd ganrif ar bymtheg.
Roedd hi eisiau cefnogi'r diwydiant
gwlân, a oedd erbyn hynny'n dirywio.

Sefydlwyd cwmni archebu drwy'r post cyntaf y byd yn y Drenewydd gan y Warws Cymreig Brenhinol a oedd yn eiddo i Pryce Jones. Mae catalog 1887 yn dweud ei fod yn cyflenwi 'Real Welsh Flannel direct from the looms, Gentlemen's Welsh Tweeds, Shawls, Blankets, Hosiery and sterling value clothing for the poor'. Mae clawr y catalog yn dangos ei fod yn cyflenwi cynnyrch i deuluoedd brenhinol Prydain ac Ewrop.

Warws Cymreig Brenhinol Pryce Jones yn y Drenewydd.

13

Y diwydiant gwlân yn Nyffryn Teifi

Wrth i'r diwydiant ddirywio yng ngogledd a chanolbarth Cymru, draw yn y gorllewin, datblygodd Dyffryn Teifi yn ganolfan newydd y diwydiant gwlân. Erbyn 1895 roedd cymaint â 325 o felinau gwlân yn nhair sir yr hen Ddyfed, ac roedd bywyd pentrefi cyfan fel Dre-fach Felindre, Pentre-cwrt a Llandysul yn cwmpasu'r ffatrïoedd a gynhyrchai crysau gwlanen, dillad isaf a blancedi ar gyfer ardaloedd diwydiannol y de. Erbyn 1900 roedd tua 52 o felinau ar waith yn

Nhre-fach Felindre. Rhwng oddeutu 1890 a 1920, roedd galw cyson am gynhyrchion y gwyddiau, a pherchnogion y melinau'n ennill arian mawr gan eu bod yn gallu manteisio ar gyflenwad digonol o weithwyr. Roedd llawer o blant y pentref yn cael tair ceiniog am weithio o 5 y prynhawn tan 8 yr hwyr ar ddiwrnodau ysgol, a phedair ceiniog am weithio rhwng 8 y bore ac 1 y prynhawn ar ddydd Sadwrn.

Byddai teuluoedd a chymdogion yn dod at ei gilydd ar gyfer y cneifio.

Chwith eithaf: Gŵydd llaw ac olwyn gordeddu ym Melin Frondeg. Chwith: peiriant cribo.

'nid oedd o bosibl ddau blwyf (Llangeler a Phenboyr) yng Nghymru yn troi allan gymaint o wlaneni Cymreig'

Roedd Dre-fach Felindre yn bentref diwydiannol o'r iawn ryw, a'i holl fywyd ynghlwm wrth y broses o gynhyrchu tecstilau. Daeth yn enwog fel 'Huddersfield Cymru' ar y pryd, ac roedd y rhan fwyaf o'r pentrefwyr yn gysylltiedig â'r diwydiant mewn rhyw ffordd. Roedd y rhan fwyaf ohonynt yn gweithio yn un o'r melinau lleol, eraill yn gwehyddu ar yr aelwyd. Ysgrifennodd un hanesydd lleol ym 1897...

nid oedd o bosibl ddau blwyf (Llangeler a Phenboyr) yng Nghymru yn troi allan gymaint o wlaneni Cymreig... mae bron holl nerth gallofyddol eu nentydd a'u hafonydd wedi eu ffrwyno i yrru peiriannau ynglyn a'r gelfyddyd. Ni does braidd ysmotyn ar lan afon ynddynt lle y gellir yn gyfleus i osod ffatri na melin ychwanegol.
(Daniel E. Jones, Traethawd buddugol yn Eisteddfod Dre-fach a Felindre).

19

Datblygodd Dre-fach Felindre yn ardal weithgynhyrchu bwysig am sawl rheswm. Yn gyntaf, roedd afonydd byrlymus Bargod, Esgair a Brân yn cyflenwi dŵr i redeg y peiriannau a golchi a sgwrio'r gwlân a'r ffabrigau crai. Yn ail, roedd digonedd o wlân i'w gael gan fod ffermydd defaid yn amgylchynu'r pentref, ac roedd gan yr ardal hanes hir o wehyddu â llaw, nyddu edafedd a gweu hosanau ymhell cyn dyddiau'r ffatrïoedd. A chyda dyfodiad y rheilffordd i Bencader ym 1864 a Chastellnewydd Emlyn ym 1895, roedd modd cludo cynnyrch y diwydiant i'w brif farchnad yng nghymoedd diwydiannol y de.

Golchi defaid yn y dull traddodiadol, gan ddefnyddio cwryglau, yng Nghenarth.

Daeth oes aur y melinau yn ystod y
ddau ryfel byd, gyda'r holl alw am
ddefnydd i wneud dillad i filiynau o
filwyr. Er hynny, dirywiodd pethau'n
gyflym iawn yn sgil cwymp prisiau
gwlân ar ôl yr Ail Ryfel Byd, a
dechreuodd y melinau gau. Cafwyd
bri o'r newydd yn y 1960au wrth i
felinau Dyffryn Teifi gynhyrchu
brethyn tapestri, a dylunwyr
ffasiwn fel Mary Quant yn awyddus
i'w defnyddio. Ni pharodd hynny'n
hir iawn. Ym 1976, daeth Melinau
Cambrian yn gartref i Amgueddfa
Wlân Cymru.

Uchod: Melinau Cambrian ar
waith, ym 1961.
Dde: y gwŷdd Butterworth &
Dickinson. Credwyd bod gan
wlanen goch Gymreig bwerau
iachaol.

James Lewis ('James y clerc') yn didoli cnu ym Melinau Cambrian.

Y broses – o ddafad i ddefnydd

Cneifio

Mae defaid yn cael eu cneifio ddechrau'r haf cyn bod y tywydd yn rhy boeth a chyn iddyn nhw golli'u gwlân yn naturiol. Cneifio oedd uchafbwynt cymdeithasol y flwyddyn ar ffermydd mynydd anghysbell ers talwm, pan fyddai criw o gymdogion yn dod at ei gilydd. Roedd y plant yn dal y defaid er mwyn i'r dynion eu cneifio â llaw, a'r gwragedd yn paratoi te cneifio arbennig. Erbyn heddiw, mae'r rhan fwyaf o ffermydd Cymru'n cyflogi cneifwyr teithiol medrus, gyda llawer ohonynt o Awstralia a Seland Newydd.

Roedd ffermwyr fel arfer yn golchi'u defaid mewn pwll cyn eu cneifio, ac yn cael mwy o arian am eu gwlân o'r herwydd.

Didoli

Mae gwlân yn amrywio'n fawr o frid i frid, ac mae byd o wahaniaeth rhwng rhannau gwahanol o'r cnu hefyd. Gan fod y gwlân sydd ar ysgwyddau ac ochrau'r ddafad o ansawdd da iawn, mae angen ei wahanu oddi wrth wlân byrrach y gynffon, y bol a'r coesau, sy'n aml yn fudr. Os na fyddent yn didoli'r gwlân, byddai'r edafedd yn ddiffygiol ac yn anghyson, ac ni fyddai'n cymryd lliw cystal. Gwlân o Awstralia a Seland Newydd a ddefnyddiwyd yn bennaf ym Melinau Cambrian. Menywod oedd yn gwneud y rhan fwyaf o'r gwaith didoli, gan weithio yn yr atig eang, yn didoli'r gwlân i wahanol gynwysyddion.

Mae adeiladau'r felin yn yr Amgueddfa yn frith o graffiti gwreiddiol. Roedd y menywod yn arfer ysgrifennu neu gerfio negeseuon ar y trawstiau pren er mwyn lladd amser, pan nad oedd y rheolwr o gwmpas. Dyma un o'r negeseuon sydd i'w gweld hyd heddiw:

Think of me when you
are happy
Keep for me a tender spot
In the depth of your affection
Plant a sweet forget me not

Lliwio

Cyn dyfeisio lliwiau synthetig, roedd gweithwyr tecstilau ledled y byd yn dibynnu ar liwiau naturiol. Defnyddiwyd cennau, cyrains cochion, rhedyn, crwyn winwns, grug, eithin a channoedd o blanhigion eraill i gynhyrchu'r lliwiau gwahanol. Cafodd lliwiau cemegol eu dyfeisio ym 1856, ac roeddynt yn rhatach, yn haws i'w cynhyrchu ac yn sicrhau lliwiau cyson. Ym Melinau Cambrian, roeddynt yn lliwio gwlân mewn cerwyni mawr llawn dŵr berwedig a lliwiau cemegol. Yna, roedd dŵr gwastraff y broses liwio a golchi yn cael ei ollwng yn syth i'r afon, a fyddai'n llifo'n felyn a glas wedyn.

Chwalu

Dyma'r broses o ddatgymalu'r cnu a chael gwared ar bethau fel llwch a thywod. Mae hon yn broses fecanyddol ers tua 150 mlynedd bellach, gan ddefnyddio peiriant tebyg i beiriant dyrnu.

Mae'r chwalwr, neu'r cythraul, gyda'i drwm troi â rhesi o sbigynnau dur, yn lledu'r gwlân yn barod i'w drin, gan greu swp o ffibrau meddal. Peiriant trydan sydd yn yr Amgueddfa, o Ffatri Derw, Pentre-cwrt yn wreiddiol. Roedd dau chwalwr ym Melinau Cambrian, fel bod modd trin gwlân wedi'i liwio ar wahân i'r gwlân heb ei liwio. Roedd hyn yn sicrhau na fyddai'r ffibrau o liwiau gwahanol yn cymysgu â'i gilydd.

Dannedd y diawl

Enwau eraill am y chwalwr yw diawl, diafol neu'r cythraul, oherwydd ei ddannedd miniog – collodd un o weithwyr melin Ffatri Tŷ Main ei fraich mewn damwain gyda'r peiriant peryglus hwn.

Y peiriant cribo.

Cribo

Cribo yw'r broses o agor a datod ffibrau'r gwlân i greu rholyn o wlân meddal yn barod i'w nyddu. Yn ôl y gwehyddion mwyaf medrus, mae natur yr edafedd yn allweddol i safon y brethyn, ac mae hyn yn dibynnu'n fawr ar y broses gribo. Dyma 'deml y felin' yn ôl perchennog melin leol, oherwydd os oedd y peiriant neu'r injan gribo mewn cyflwr gwael yna byddai ymdrechion y gwehydd a'r nyddwr yn gwbl ofer. Y dull cynharaf o gribo yng Nghymru oedd gosod cribau'r pannwr pigog mewn ffrâm law hirsgwar; cyn defnyddio pâr o fframiau i greu edeuon cyfrodedd wedi'u datod. Roedd y planhigyn mor bwysig i'r diwydiant iddo gael ei alw'n Llysiau'r Cribwr.

Cyfresi o roleri sy'n troi wedi'u gorchuddio â brwshys yw peiriant cribo. Mae'r peiriant cribo yn yr Amgueddfa yn cynnwys dwy rhan, sef y sgriblwr, sy'n datgymalu'r gwlân yn y lle cyntaf, a'r cribwr ei hun, gyda brwshys mân i greu rholiau di-dor o wlân. Roedd gan yr hen Felinau Cambrian bedwar peiriant cribo, 20 metr o hyd ac yn pwyso 10 tunnell yr un. Mae'r peiriant cribo sydd yma heddiw yn perthyn i Felin Wlân yr Abaty, ac mae'n debyg i'r un a ddefnyddiwyd ym Melinau Cambrian.

Dŵr melyn!

Yng Nghymru, roedd y rhan fwyaf o felinau'n prosesu gwlân heb ei olchi na'i sgwrio ymlaen llaw – ar wahân i ambell felin fwy, fel y Cambrian, a oedd yn sgwrio'r gwlân cyn ei chwalu. Y dull fwyaf cyffredin o chwalu oedd trochi'r gwlân crai mewn toddiant, sef un rhan o wrin dynol i dair rhan o ddŵr arferol. Roedd yr arfer o gasglu wrin mewn casgenni o gartrefi pobl Dre-fach Felindre yn gyffredin tan y 1930au. Roedd wrin hefyd yn rhan bwysig o'r broses o liwio a gorffennu'r brethyn.

Nyddu

Mae rholiau gwlân wedi'u cribo yn feddal, trwchus a hawdd eu torri. Rhaid troelli ac estyn y rholiau hyn i'w gwneud yn gryfach ac yn addas i'w gwehyddu – sef y broses nyddu. Y dull cynharaf o nyddu oedd trwy ddefnyddio gwerthyd â phwysau, ac mae archeolegwyr wedi darganfod enghreifftiau ohonynt ar safleoedd Oes Haearn ledled gwledydd Prydain. Erbyn y bedwaredd ganrif ar ddeg, dyfeisiwyd troell nyddu, sef yr Olwyn Fawr, a oedd yn gyffredin yng nghartrefi Cymru tan ddiwedd y bedwaredd ganrif ar bymtheg. Roedd llawer o fenywod Dyffryn Teifi yn cynhyrchu edafedd ar gyfer gwehyddion gwŷdd llaw a gwewyr hosanau lleol. Cafodd y broses hon ei chwyldroi'n llwyr yn sgil

Y mul nyddu.

dyfeisio'r mul nyddu yn y ddeunawfed ganrif. Gyda throell nyddu, mae un gweithiwr yn cynhyrchu un edau, tra bod gweithiwr sy'n defnyddio mul nyddu yn gallu creu cannoedd o edafedd ar yr un pryd. Roedd nyddwyr llaw yn y gorllewin yn gwrthwynebu'r peiriannau hyn yn chwyrn, ond erbyn diwedd y bedwaredd ganrif ar bymtheg roedd y rhan fwyaf o felinau Dre-fach Felindre wedi'u prynu. O'r herwydd, collodd llawer o nyddwyr eu bywoliaeth.

Hobi hen ferch

Ar draws y canrifoedd, mae nyddu wedi'i ystyried yn waith menyw – sy'n esbonio tarddiad y gair Saesneg 'spinster'.

Dirwyn ac ystofi

Mae dirwyn, dad-ddirwyn a dirwyn eto yn rhan allweddol o'r broses o baratoi'r edafedd i'w gwehyddu. Rhaid troi neu ddirwyn edafedd o ful nyddu ar sbwliau neu gonau i greu'r 'ystof' o frethyn (sef yr edafedd hirion sy'n mynd ar draws y brethyn). Ystofi yw un o brosesau mwyaf cymhleth y maes tecstilau; rhaid gosod yr holl edafedd yn y drefn gywir a'r drefn lliwiau gywir cyn dechrau gwehyddu. Ar ôl gorffen, rhaid trosglwyddo'r ystof i'r gwŷdd a chlymu pob edau unigol â llaw i'r cannoedd o 'frwydau', sef yr edafedd lliain neu wifren fertigol ar y gwŷdd.

Er mwyn creu'r anwe neu'r edau groes, rhaid dirwyn y gwlân ar ddarnau byrrach o goed neu fetel, sef 'gwerthydau' neu 'bobinau', sy'n gallu ffitio i 'wennol' y gwŷdd.

Chwith: Defnyddio'r mul nyddu.
Uchod: Conau o edafedd ym Melinau Cambrian.

Gwehyddu

Dyma'r broses o gydblethu edafedd yr anwe rhwng edafedd yr ystof. Mae'r ystof yn cael ei osod yn gyntaf, ac yna fe gwblheir yr anwe trwy roi gwennol sy'n cario'r edau trwy edafedd yr ystof. Rhaid agor edafedd yr ystof fel bod digon o fwlch, neu 'parth', i'r wennol fynd drwyddynt. Wrth wau, mae'r edau yn cael ei churo er mwyn gwneud y brethyn yn fwy cadarn a thynn. Mae'r broses hon union yr un fath, waeth a ddefnyddir gwŷdd pwysau ganoloesol neu wŷdd trydanol o'r ugeinfed ganrif. Erbyn diwedd y bedwaredd ganrif ar ddeg, cafodd y gwŷdd pwysau ei ddisodli gan wŷdd llaw â phedalau, a dyma'r ddyfais oedd fwyaf cyffredin ym maes cynhyrchu brethyn yng Nghymru tan ddiwedd y bedwaredd ganrif ar bymtheg, pan fabwysiadwyd gwyddiau peiriannol. Roedd y gwyddiau sydd i'w gweld yn yr Amgueddfa yn gyffredin ar hyd a lled y gorllewin. Maen nhw'n amrywio o'r gwŷdd brethyn llydan i'r gwyddiau Butterworth & Dickinson bach a ddaeth yn hynod boblogaidd ym melinau Dyffryn Teifi ar gyfer cynhyrchu gwlanen gul.

Dobcross oedd gwŷdd mwyaf poblogaidd yr ugeinfed ganrif. Gan ei fod yn cynhyrchu brethyn llydan iawn, roedd yn ddelfrydol i wehyddu blancedi a siolau. Roedd un gweithiwr yn gallu rheoli dau wŷdd ar yr un pryd, a thrwy wneud hynny, gallai gynhyrchu tua 450 o lathenni o frethyn mewn pum diwrnod!

Gwŷdd Droedlath Hattersley.

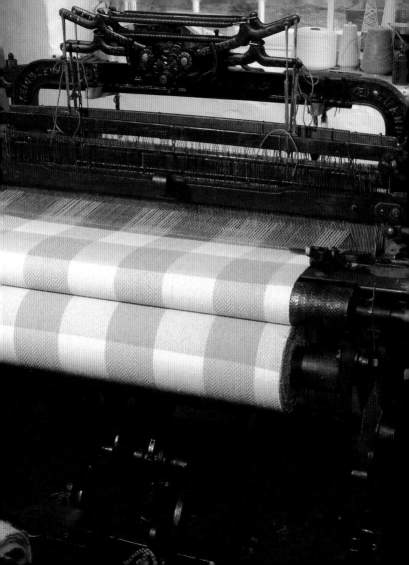

Pannu

Dyma'r broses o grebachu a thewychu brethyn ar ôl gwehyddu. Roedd pobl yr Oesoedd Canol yn gwneud hyn trwy sathru'n droednoeth ar ddarn o frethyn yn yr afon. Yn y bedwaredd ganrif ar ddeg, daeth melinau dŵr â morthwylion trymion i guro'r brethyn yn gyffredin yng Nghymru, a phannu oedd y broses gyntaf i'w chyflawni mewn melin yn hytrach na'r cartref. Gyda chymysgedd o bridd y pannwr, lleisi a chryn dipyn o ddŵr, roedd y brethyn yn crebachu a thewychu. Doedd dim angen pannu gwlanen ysgafn na'r brethyn caerog ysgafnach a gynhyrchwyd ym melinau Cymru yn galed iawn; dim ond golchi'r defnydd a'i bannu mewn peiriannau sgwrio gyda soda a fflochion sebon. Gallwch weld y peiriannau melino hyn yn Ystafell Olchi yr Amgueddfa yn ogystal â Pheiriant Golchi Agored sy'n dal i gael ei ddefnyddio i olchi blancedi, a throellwr sychu diwydiannol o'r enw 'Hydro'.

Pandy yw'r enw am felin bannu, ac mae enwau lleoedd sy'n cynnwys yr elfen 'pandy', fel Tonypandy, yn cyfeirio at safleoedd pandai cynnar.

Tapestri brethyn dwbl traddodiadol gorffenedig o Felinau Cambrian.

Cambrian
Mills
LLANDYSSUL
woven by Welsh craftsmen

PURE NEW *wool*

Sychu

Ar ôl ei olchi, roedd y brethyn llaith yn cael ei ymestyn i'w siâp ar ffrâm ddeintur gyda bachau deintur, a'i adael i sychu yn yr awyr agored neu mewn cytiau gwynt a ddefnyddiwyd i warchod y defnyddiau rhag glaw a'r haul.

Ym Melinau Cambrian, roedd y Peiriant Deintur yn sychu brethyn dan dyniant wrth gael ei basio uwchben cyfres o bibellau wedi'u twymo ag ager. Gallai sychu 72 llathen o frethyn ar y tro mewn llai na hanner awr. Roedd y Blwch Deintur, sy'n debyg i gwt glas wedi'i godi o amgylch y peiriant, yn cadw'r gwres i mewn.

Gorffen

Mae ffabrigau gwlân yn cael eu gorffen mewn ffyrdd gwahanol, fel eu fflwffio, llyfnu neu wasgu, yn dibynnu ar eu pwrpas yn y pen draw. Roedd siolau magu traddodiadol yn cael eu gwasgu rhwng dalenni cardfwrdd, saith ar y tro, mewn gwasg boeth, ac yna cyfnod dan bwysau mewn gwasg oer. Y nod oedd sicrhau bod y siôl orffenedig yn ddigon llyfn fel na fyddai'n cosi croen y baban.

Natur fecanyddol

Yn draddodiadol, roedd cribwyr yn cael eu defnyddio i 'gribo' wyneb y brethyn sych â llaw i'w wneud yn feddal a fflwffog. 'Codi'r ceden' yw'r enw ar hyn. Dyfeisiwyd peiriant o'r enw Gigwr i wneud y broses hon yn fwy cyflym ac effeithlon. Roedd yn cynnwys tua 3,000 o gribwyr pigog mewn ffrâm haearn, a byddai'r brethyn yn cael ei symud dros y cribau i roi arwyneb fflwffog mwy cyson. Cafodd y peiriant hwn ei ddisodli gan fersiwn gwbl fecanyddol, sef y 'Moser Raiser', sydd â chyfres o roleri a dannedd metel miniog.

Llysiau'r Cribwr.

Gwlân

Gwlân yw un o'r ffibrau mwyaf amlbwrpas sy'n bodoli. Diolch i'w nodweddion unigryw, mae melinau gwlân Cymru wedi creu llu o ddefnyddiau a chynhyrchion gwahanol, o ddillad gwaith i ddefnyddiau addurno cain ac anrhegion ar gyfer ymwelwyr.

Streipiau fertigol trwchus du, brown neu las tywyll ar gefndir hufen oedd patrwm llawer o'r blancedi Cymreig cynnar. Roedd brethynnau plod yn boblogaidd dros ben hefyd, gyda fersiynau'r bedwaredd ganrif ar bymtheg yn cynnwys lliwiau cryf a thywyll ar gefndir lliw hufen. Roedd blancedi diweddarach yn dueddol o gynnwys mwy o liwiau, gyda rhai pastel yn boblogaidd iawn. Yn y 1950au a 1960au, roedd siolau traddodiadol yn hynod boblogaidd ymhlith ymwelwyr Cymru. Roedd Melinau Cambrian yn gwehyddu siolau magu o batrwm siec pinc, glas a llwyd golau.

Mae Oriel Decstiliau'r Amgueddfa yn dangos yr amrywiaeth eang o decstilau hanesyddol a gynhyrchwyd ledled Cymru ac mewn melinau fel hon. Mae'r oriel yn pwysleisio traddodiad a phwysigrwydd defnyddiau gwlân ym mywyd Cymru, o'r siolau magu a lapiwyd am fabanod i grysau gwlanen ein gweithwyr a brethyn siec a streipïog ein gwisg genedlaethol. Mae 'Mur o garthenni' yn yr oriel, sy'n arddangos pob math o flancedi – sgwarog, streipïog a thapestri – ac yn dwyn i gof blancedi'r gorffennol i lawer o'n hymwelwyr. Ac mae ein casgliadau'n dal i ddatblygu: y diweddaraf yw casgliad o ddillad o'r 1960au a 1970au a wnaed o ffabrigau Melinau Cambrian.

Siolau Cymreig yn y dull traddodiadol.

Amgueddfa Wlân Cymru

Mae'r Amgueddfa wedi ymgartrefu yn adeiladau gwreiddiol Melinau Cambrian, sydd wedi'u hadfer yn ofalus i'w hen ogoniant. Rhoddwyd bywyd newydd i hen beiriannau, ac mae'r oriel yn arddangos blancedi, siolau a charthenni. Cewch ddilyn llwybr uchel i gael golwg arbennig ar ein gwehydd masnachol sy'n cynhyrchu brethynnau traddodiadol.

Rydym yn cynnal teithiau tywys ac arddangosiadau o'r hen beiriannau. Mae pob math o frethynnau cyfoes ar werth yn siop yr Amgueddfa, ac mae'n caffi yn gwerthu cynnyrch lleol, ffres.

Rydym yn trefnu pob math o weithgareddau. Ffoniwch (01559) 370929 am fwy o wybodaeth neu i drefnu ymweliadau grŵp.

national wool museum
amgueddfa wlân cymru

Amgueddfeydd cenedlaethol Cymru

Mae teulu Amgueddfa Cymru'n cynnwys saith amgueddfa wedi'u lleoli ledled Cymru. Mae pob aelod o'r teulu'n cynnig profiad unigryw a byw o hanes Cymru, ac yn rhannu gwerthoedd rhagoriaeth ac addysg Amgueddfa Cymru.

Amgueddfa Wlân Cymru
Dre-fach Felindre, Sir Gaerfyrddin

Amgueddfa Genedlaethol y Glannau
Yr Ardal Forol, Abertawe

Amgueddfa Genedlaethol Caerdydd
Parc Cathays, Caerdydd

Sain Ffagan: Amgueddfa Werin Cymru
Sain Ffagan, Caerdydd

Big Pit: Amgueddfa Lofaol Cymru
Blaenafon, Torfaen

Amgueddfa Lechi Cymru
Llanberis, Gwynedd

Amgueddfa Lleng Rufeinig Cymru
Caerllion, Casnewydd

Am fwy o wybodaeth am ein casgliadau 'cudd', ewch i'r wefan Rhagor –
www.amgueddfacymruac.uk/Rhagor.